AF591609

Vente des 18, 19, 20 & 21 Mai 1864

COLLECTION
DE
M. DE NEGRONI

Capitaine démissionnaire

EXPOSITIONS

PARTICULIÈRE : Le Lundi 16 Mai 1864, de une heure à cinq heures.

PUBLIQUE : Le Mardi 17, de une heure à cinq heures.

Mes CHARLES PILLET & AUGUSTE LANGOIT
Commissaires-Priseurs

MM. MANNHEIM
Experts

CATALOGUE

D'OBJETS PRÉCIEUX

De la Chine

COMPOSANT LA COLLECTION

DE M. DE NEGRONI

Capitaine démissionnaire

DONT LA VENTE AURA LIEU

HOTEL DROUOT

SALLE N° 5, AU 1er

Les Mercredi 18, Jeudi 19, Vendredi 20, Samedi 21 Mai 1864

ET JOURS SUIVANTS, S'IL Y A LIEU

A DEUX HEURES

Par le ministère de **Mᵉ CHARLES PILLET,** Commissaire-Priseur, rue de Choiseul, 11,

Et de **Mᵉ AUGUSTE LANGOIT,** son confrère, rue de Choiseul, 5,

Assistés de **MM. MANNHEIM,** Experts, rue de la Paix, 10,

CHEZ LESQUELS SE DISTRIBUE CE CATALOGUE

EXPOSITIONS { PARTICULIÈRE : le Lundi 16 Mai / PUBLIQUE : le Mardi 17 Mai } de 1 heure à 5 heures

PARIS — 1864

CONDITIONS DE LA VENTE

Elle sera faite au comptant.

Les Acquéreurs paieront CINQ pour CENT en sus du prix d'adjudication.

M. DE NEGRONI vient de publier sur la Campagne de Chine un ouvrage des plus intéressants : *Souvenirs de la Campagne de Chine*, dans lequel il donne sur sa Collection des détails qui ont beaucoup simplifié la tâche qui nous était réservée. Aussi, nous sommes-nous bornés à faire des pièces qui composent cette Collection une description sobre et très-succincte.

M. STANISLAS JULIEN, le savant sinologue, qui a visité la Collection de M. DE NEGRONI, lui a adressé à ce sujet la lettre suivante que nous sommes heureux de reproduire :

Paris, le 4 Mai 1864

MONSIEUR,

Vous m'avez fait l'honneur de me demander ce que je pense de votre Collection ; mais je suis trop étranger aux arts et à l'industrie pour que mon opinion ait quelque autorité aux yeux du public. Je ne puis cependant, Monsieur, me dispenser de vous répondre. Je dois vous dire, en toute humilité, qu'ayant été appelé maintes fois depuis quarante ans à visiter des Collections du même genre et de même provenance, pour expliquer les légendes chinoises ou donner la correspondance des dates, je n'en ai jamais vu d'aussi importante, ni d'aussi remarquable sous le rapport de la beauté de la matière, de la variété des formes et de la perfection du travail.

La partie la plus riche et la plus digne d'attirer l'attention me paraît être la Collection de vos porcelaines qui, au nombre d'environ 500, offre la plus grande variété de beaux vases qu'ait jamais produite l'art céramique en Chine.

Veuillez agréer, Monsieur, l'assurance de mes sentiments les plus distingués.

STANISLAS JULIEN,
Membre de l'Institut,
Traducteur de l'Ouvrage chinois intitulé : *Histoire et Fabrication de la Porcelaine chinoise*.

26, rue des Fossés-St-Jacques.

DÉSIGNATION

DES OBJETS

MATIÈRES PRÉCIEUSES

JADES

1 — Jade blanc. Magnifique corbeille, composée de deux losanges accolés, dont les arêtes sont formées de colonnettes. L'anse, finement sculptée à chauve-souris et ornements, est repercée à jour et se termine à ses extrémités par deux attaches à anneaux. Le tout est enrichi d'incrustations de rubis, de coraux et de lapis-lazuli. Pièce charmante et rare, tant sous le rapport de la beauté de la matière, que par la grâce de sa forme. C'est ce que l'on appelle le cadeau de noce ou baguier des Impératrices.

2 — Jade blanc laiteux. Beau groupe. Chèvre et deux chevreaux broutant. La terrasse est enrichie de fruits et de branchages en relief. Ce groupe artistement composé et finement sculpté, représente la nature prise sur le fait.

3 — Jade blanc laiteux. Jonque chinoise, montée de deux figurines de mandarins, entre lesquels se trouve un vase contenant des fleurs. Cette belle pièce est enrichie d'ornements, d'oiseaux et de fleurs, finement sculptés et repercés à jour. C'est une merveille.

4 — Jade blanc. Grand et beau vase, forme arrondie et plate à anses arabesques, repercées à jour. La panse est enrichie de beaux ornements finement gravés. Il est creusé à fond dans le sens de sa forme extérieure. Sa beauté et sa dimension sont remarquables.

5 — Jade vert clair. Vase en forme d'aiguière à panse ovoïde, monté sur trois pieds formés de têtes d'éléphants et à anse prise dans la masse ; il est surmonté d'un lézard sculpté et repercé à jour. Ce joli vase est entièrement couvert de beaux ornements finement gravés. Le bandeau du milieu est relevé par une gravure perlée admirable.

6 — Jade blanc d'une belle qualité, ayant quelques taches, couleur orange. Cassolette, forme carrée et à couvercle, montée sur quatre pieds élevés de forme cylindrique et à anses plates, surélevées et repercées à jour. Le corps de la cassolette ainsi que le couvercle sont enrichis de beaux ornements gravés en relief.

7 — Jade blanc verdâtre d'une magnifique qualité. Coupe à couvercle de forme ronde, aplatie, reposant sur trois pieds et à anses carrées, surélevées, prises dans la masse. Cette pièce est remarquable par l'élégance de sa forme et la beauté de la matière, qui est d'une pureté exceptionnelle.

8 — Jade blanc verdâtre, ayant quelques taches de couleur orange. Dent de Bouddha ou main de justice, pièce d'une très-grande dimension, ornée de feuillages, le tout finement sculpté et repercé à jour. C'est un des plus grands morceaux de jade qui existent.

9 — Jade blanc verdâtre. Grande coupe composée d'une feuille de nénufar, ornée de ses branchages, repercée à jour ; le tout d'une forme gracieuse et d'une grande dimension.

10 — Jade blanc verdâtre. Grande coupe ronde, reposant sur trois pieds ; le fond est entièrement couvert de fleurs et de feuillages sculptés en ronde-bosse et finement gravés ; l'une des branches se replie à l'intérieur avec beaucoup de grâce et d'élégance.

11 — Jade gris. Vase en forme d'aiguière, la panse ornée de deux dragons ailés, et à anse représentant un animal chimérique sculpté et repercé à jour.

12 — Jade verdâtre. Coupe ronde à anses, têtes d'animaux chimériques, prises dans la masse. La panse ornée de dragons, fruits et feuillages, finement sculptés en relief.

13 — Jade blanc. Disque présentant sur ses deux faces, des paysages ornés de kiosques, de figurines et d'animaux, finement sculptés en relief.

14 — Jade blanc. Autre disque plus petit, finement sculpté en ronde bosse, représentant une vue prise au Palais d'Été. Au revers, neuf lignes de caractères antiques et dorés.

15 — Jade blanc. Miroir de forme ronde à bordure en jade, à ornements gravés en relief, et à anneau formé de grecques gravées et repercées à jour. Il a appartenu à un des empereurs de la dynastie des Thang (VIIe siècle de notre ère).

16 — Jade blanc veiné. Coupe ronde et basse, à lobes formés de feuilles.

17 — Jade verdâtre. Coupe ronde unie.

18 — Jade blanc verdâtre. Petite coupe ronde à deux anses figurant des dragons, entièrement repercés à jour. C'est un porte-violette dont la tige est mobile.

19 — Jade blanc. Petite coupe ronde à deux anses, formées de figurines de mandarines, repercées à jour, et prises dans la masse. C'est ce qu'on appelle en Chine un joli baguier. L'expression des figures est très-délicate.

20 — Jade blanc laiteux. Petite coupe ronde et à lobes, formée de feuilles dont les branches figurent l'anse et les ornements extérieurs. Le tout finement sculpté et repercé à jour. Elle représente divinement la fleur du lotus richement épanouie.

21 — Jade blanc laiteux. Petite coupe ronde à anses, prises dans la masse, formées de dragons repercés à jour.

22 — Jade blanc d'une qualité supérieure. Coupe ronde à couvercle, ornée d'oiseaux et d'arbustes. Belle pièce très-finement ornée.

23 — Jade blanc. Belle boîte, en forme de fruit, dont les branches enlacées, prises dans la masse, forment l'attache. Elle est enrichie de fruits et feuillages sculptés en relief.

24 — Jade blanc à taches couleur orange. Boîte en forme de fruit à branches et feuillages sculptés en relief.

25 — Jade blanc. Petite coupe représentant un fruit en forme de cœur, dont les branches, fruits et feuillages, entièrement repercés à jour et gravés forment l'anse et les ornements.

26 — Jade blanc verdâtre. Porte-allumettes, formé d'une fleur, de branches et de feuillages de nénufar, repercé à jour.

27 — Jade blanc. Très-beau sceptre, orné d'un dragon, d'un oiseau, de fleurs et de feuillages sculptés en relief.

28 — Jade verdâtre. Trois plaques ovales, enrichies de fleurs et de feuillages sculptés en relief, formant les ornements d'un sceptre en bois de fer.

29 — Beau jade blanc. Cygne se reposant sur une feuille de nénufar, dont il tient la branche dans son bec.

30 — Jade blanc verdâtre. Groupe représentant une mandarine et deux petits enfants.

31 — Jade blanc verdâtre. Trois pièces : un cerf, un cheval tartare et une chèvre du Thibet.

32 — Jade verdâtre. Un Empereur debout, se reposant sur son sabre. Il date de plusieurs siècles avant J.-C.

33 — Jade blanc laiteux. Figurine de mandarin debout, tenant une fleur de nénufar dans sa main gauche.

34 — Jade verdâtre. Manche de forme cylindrique, sculpté en haut-relief à dragons, nuages, etc.

35 — Jade blanc verdâtre. Agrafe composée de trois pièces mouvantes, prises dans la masse, et ornées de dragons et oiseaux sculptés en haut-relief, et finement gravés.

36 — Jade blanc. Bouton composé de branches aquatiques et hérons, formant un bosquet sculpté et entièrement repercé à jour.

37 — Jade blanc verdâtre. Autre bouton, à peu près semblable au précédent.

38 — Jade gris. Petit bouton, même composition que les précédents.

39 — Jade blanc verdâtre. Porte-pinceau formé de deux fleurs de nénufar, avec branches et feuillages entièrement repercés à jour.

40 — Jade blanc verdâtre. Porte-pinceau en forme de sceptre recouvert d'ornements divers, sculptés en haut-relief.

41 — Jade blanc verdâtre. Applique de forme ovale, allongée, composée d'un cygne, enlacé de branches et fruits aquatiques, finement repercé à jour.

42 — Jade blanc verdâtre. Deux pièces: un petit groupe composé d'un mandarin, d'un jeune enfant, et d'un petit chien; l'autre, une mandarine conduisant un petit singe; le tout finement sculpté et repercé à jour.

43 — Jade blanc. Deux pièces: mandarine assise sur un cygne, et figurine d'enfant debout dansant.

44 — Jade blanc. Joli groupe de deux cygnes, accolés et entourés de feuillages, sculptés en relief et repercés à jour.

45 — Jade blanc. Petit groupe de trois animaux : lion, aigle et serpent, finement sculptés en ronde-bosse.

46 — Jade blanc. Deux pièces : un chien de Fo et un coq.

47 — Jade verdâtre. Deux pièces : un lion accroupi et un oiseau aquatique.

48 — Jade vert. Fleur de nénufar, figurant une corbeille de forme allongée, contenant des grappes de raisin en corail, et d'autres fruits en pierres diverses.

49 — Jade vert, d'une magnifique qualité. Large anneau servant à tirer l'arc.

50 — Jade blanc grisâtre. Corbeille ovale et à anse debout, enrichie de beaux ornements sculptés, entièrement repercés à jour.

51 — Jade blanc. Deux pièces : une amulette en forme de cœur, représentant des vagues et des rochers, et une applique, composée de serpents enroulés, finement sculptés et repercés à jour.

52 — Jade blanc violacé. Plaque ovale bombée, finement sculptée, représentant un paysage traversé par un cours d'eau, sur lequel se trouve une nacelle montée par deux Chinois.

53 — Jade blanc. Applique ovale, sculptée en relief, à plantes aquatiques et poisson volant.

54 — Jade blanc. Deux bracelets formés chacun de deux serpents mordant un fruit.

55 — Jade verdâtre. Deux autres à peu près semblables.

56 — Jade blanc grisâtre. Deux boîtes rondes et à couvercles, dont une à rosace sculptée au centre.

57 — Jade blanc. Deux boîtes à couvercles, dont une ronde et l'autre ovale.

58 — Jade blanc verdâtre. Deux petites coupes rondes, dont l'une à gorge évasée.

59 — Jade gris. Deux doigtiers finement taillés et repercés à jour.

60 — Jade blanc. Deux épingles à cheveux, dont la beauté est idéale.

AGATES ORIENTALES & AUTRES

61 — Agate orientale à trois couches. Magnifique groupe représentant une grotte fond brun sardoiné, sculptée et évidée, sous la voûte de laquelle se trouvent un singe accroupi en agate blanche et, en haut, un singe suspendu en agate blonde. Les oppositions de couleurs sont parfaites. C'est un des plus beaux morceaux de sardoine connus.

62 — Agate cornaline rouge. Encrier en forme de fruit; des branches et des feuillages en entourent et en forment les supports; le tout très-bien sculpté et gravé. Il est d'une beauté et d'une dimension exceptionnelles.

63 — Agate orientale blanche, veinée de brun et de jaune. Petite coupe imitant un fruit en forme de cœur, dont l'anse, prise dans la masse, représente la branche et les feuillages. Des accidents naturels représentant un poisson, une clef et d'autres sujets, la rendent très-précieuse.

64 — Agate orientale à taches noires. Tabatière en forme de flacon à bouchon en rubasse.

65 — Agate orientale rubannée blanc. Tabatière en forme de flacon.

66 — Agate orientale blonde. Très-petit encrier de forme sphérique entourée de branches et de fleurs sculptées en relief.

67 — Agate onyx orientale. Amulette représentant les vagues de la mer en agate grise, sur lesquelles se trouve un cheval en agate noire sculptée en relief. Au revers, le chiffre de l'empereur Khienlong. C'est un charmant camée.

68 — Agate orientale. Deux fruits en agate blonde à branches et feuillages en agate sardoinée, très-finement sculptés.

69 — Agate orientale. Deux pièces. Un fruit en agate blonde à branches et feuillages évidés et un oiseau en belle agate sardoinée, tenant dans son bec une fleur en agate blanche.

70 — Agate orièntale cornaline. Deux pièces. Petit lapin accroupi et ùne figurine de mandarine dont les vêtements sont en cornaline rouge et la tête blanche.

71 — Agate orientale. Un fruit en agate blanche laiteuse, entourée de branches et feuillages dont deux boutons sont de nuance rose.

72 — Agate orientale. Deux pièces. Lion couché, très-finement sculpté, en agate jaunâtre et un cygne en agate blanche laiteuse, dont le cou, ainsi que la tête, qui tient une fleur, sont en agate rouge. Opposition de couleur très-heureuse et très-rare.

73 — Jaspe agate. Deux pièces. Petit vase de forme sphérique en agate jaspée et une tabatière forme flacon en agate blonde.

74 — Agate d'Allemagne. Deux pièces. Tabatière de forme ovale en agate d'Allemagne rubannée et une autre de forme ronde en cuivre doré ornée d'une cornaline orientale.

75 — Agate jaspée. Deux pièces. Agrafe composée de deux plaques en agate mousseuse, dont l'attache est ornée d'un saphir et une autre ornée d'une belle cornaline orientale dite de vieille roche ; le tout monté en cuivre doré.

76 — Agate jaspée vert. Un rocher, sculpté à jour.

77 — Malachite. Coupe en forme de fruit dont les branches forment le pied et l'ornementation.

78 — Malachite. Encrier : rocher entouré de plantes aquatiques.

79 — Malachite. Deux pièces. Une petite coupe plate imitant une coquille et un rocher servant de porte-pinceau.

CRISTAUX DE ROCHE

80 — Cristal de roche. Pièce d'une grande dimension représentant un rocher dont plusieurs parties sont évidées à jour et au haut duquel un petit singe se repose.

81 — Cristal de roche. Rocher baigné par les vagues de la mer; cette pièce est gravée, évidée et repercée à jour.

82 — Cristal de roche. Rocher baigné par les vagues de la mer et orné de beaux poissons, et repercé à jour.

83 — Cristal de roche. Encrier de forme ovale orné de deux dragons gravés et repercés à jour.

84 — Cristal de roche. Joli vase à anses prises dans la masse, entourées d'arbustes, de branches, de feuillages et d'un paon sculptés en relief et finement repercés à jour.

85 — Cristal de roche. Vase de forme carrée aplatie à canaux creux, à anses prises dans la masse, et paysages, animaux et fleurs sculptés en relief sur toutes ses faces.

86 — Cristal de roche très-pur. Très-joli petit vase en forme de balustre et à couvercle, à anses prises dans la masse, flanqué des deux côtés de branches et de fruits sculptés et repercés à jour.

87 — Cristal de roche. Lion couché.

88 — Cristal de roche. Un crabe finement sculpté; les pinces ainsi que les pattes, recourbées sur elles-mêmes, sont évidées et repercées à jour.

89 — Cristal de roche très-pur. Amulette représentant les vagues de la mer et des rochers gravés et repercés à jour des deux côtés.

90 — Cristal de roche très-pur. Porte-pinceau représentant un lézard posé sur un socle finement sculpté et entièrement repercé à jour.

91 — Cristal de roche. Deux pièces. Un poussah assis et un autre couché.

92 — Cristal de roche. Deux pièces. Deux lions couchés.

93 — Id. id. id.

94 — Cristal de roche. Sceau de forme carrée élevée en cristal brun limpide, surmonté d'un lion debout en cristal laiteux.

95 — Cristal de roche enfumé. Sceau formé d'un cube surmonté d'une anse évidée et prise dans la masse.

96 — Cristal de roche. Deux sceaux de forme carrée surmontés de lions debout gravés et repercés à jour.

LAPIS-LAZULI

97 — Lapis-lazuli. Grand rocher sculpté et repercé à jour.

98 — Lapis-luzuli. Plaque carrée gravée, à paysages et inscriptions dorés; montée en écran, en bois de fer sculpté.

99 — Lapis-lazuli. Deux poissons accolés soutenus par une pièce en jade verdâtre et le tout suspendu dans un écran en bois sculpté et repercé à jour.

100 — Lapis-lazuli. Deux pièces : une amulette de forme ronde aplatie, sculptée à fleurs et feuillages repercés à jour, avec son gland de suspension orné d'un grain en corail et d'une boule en jade repercée à jour, et une tabatière en forme de flacon.

LAQUES & AUTRES INCRUSTATIONS

101 — Bois de fer. Boîte de forme sphérique à médaillons incrustés de jade, lapis-lazuli, corail, nacre de perle, ivoire colorié, etc., représentant la vie des philosophes; figurines dans des paysages, et frises à fleurs et feuillages. Le haut du couvercle représentant le principe de lumière, est surmonté d'un médaillon à la figure de l'empereur Chun, entourés de deux dragons à cinq griffes et tous ses attributs sur fonds ornementés à quadrilles et fleurons en filets d'argent incrustés. C'est une pièce très-rare.

102 — Laque rouge de Pékin. Cabinet de forme carrée, à volutes et porte à abatant; à médaillons sur toutes ses faces ornés de fleurs en relief. Elle remonte à la dynastie des Ming.

103 — Laque rouge de Pékin. Boîte de forme carrée richement ornée de fleurs et de feuillages, et à médaillon sur le couvercle portant trois dragons à cinq griffes. Elle porte l'inscription, en chinois, de coffre précieux, fabriqué sous l'empereur Khien-long, de la dynastie tartare-mandchou qui règne aujourd'hui sur la Chine.

104 — Laque rouge de Pékin. Grande boîte de forme sphérique entièrement couverte de dragons enroulés et ornements divers sur fond vert.

105 — Laque rouge de Pékin. Grande boîte en forme de gourde enrichie de fruits et de feuillages en relief, de couleur verte et incrustée de jades.

106 — Laque rouge de Pékin. Boîte à quatre lobes, à fleurs et feuillages en relief, et ornée de plaques en jade.

107 — Laque rouge de Pékin. Boîte à cinq lobes, le couvercle orné d'un paysage enrichi de figurines.

108 — Laque rouge de Pékin. Boîte carrée à coins arrondis, richement ornée de fleurs et de feuillages sur fond vert.

109 — Laque rouge de Pékin. Petite boîte carrée à feuillages en relief et le couvercle orné d'un paysage à figurines.

110 — Laque rouge de Pékin. Boîte ronde aplatie, à fleurs, oiseaux et feuillages en relief.

111 — Laque rouge de Pékin. Deux boîtes rondes à fleurs, feuillages et figurines.

112 — Laque rouge de Pékin. Vase en forme de flacon, à fleurs et feuillages en relief.

113 — Laque rouge de Pékin. Petit sceptre à fleurs, feuillages et ornements en relief.

114 — Laque rouge de Pékin. Quatre petites pièces, dont une boîte ronde et trois tasses dont deux forme aiguière, à feuillages, fleurs et figurines en relief.

115 — Laque de Chine. Grande boîte carrée fond noir et dessins dorés.

116 — Laque de Chine. Boîte à ouvrage de forme carrée, à pans coupés, fond noir et dessins dorés.

117 — Laque de Chine. Autre à peu près semblable.

118 — Laque de Chine. Boîte à thé, de forme carrée, fond noir et dessins dorés.

119 — Laque de Chine. Boîte de forme carré-long, fond noir et dessins dorés.

120 — Laque de Chine. Boîte à éventail, fond noir et dessins dorés.

ÉMAUX CLOISONNÉS

121 — Email cloisonné. Deux flambeaux, modèle bougeoir, à bases et plateaux à lobes, à tiges cylindriques et à manches, émail fond bleu turquoise enrichi de fleurs et ornements en couleurs.

122 — Email cloisonné. Coupe ronde fond bleu turquoise, ornée de lions, fleurs et ornements divers en couleurs. Époque de Siouen-té, empereur, 1426.

123 — Email cloisonné. Coupe ronde de forme basse, émaillée sur toutes ses faces, extérieurement en bleu turquoise et intérieurement en blanc, enrichie de fleurs et ornements divers en couleurs.

124 — Email cloisonné. Deux jolies coupes rondes, élevées sur piédouches, fond bleu turquoise enrichi d'imbrications de belles couleurs variées.

125 — Email cloisonné. Coupe ronde à piédouche élevé, émaillé fond vert, enrichie de beaux ornements finement dessinés en couleurs, et portant une marque gravée.

126 — Email cloisonné. Brûle-parfums de forme ronde à grosse panse, élevé sur trois pieds, à fond bleu turquoise orné de belles fleurs émaillées en couleurs.

127 — Email cloisonné. Petit brûle-parfums à couvercle de forme ronde et à gorge rentrante, supporté par des trompes d'éléphants et à anses à dragons, fond bleu turquoise et à rinceaux émaillés de belles couleurs variées.

128 — Email cloisonné. Très-petite cassolette de forme carrée allongée, supportée par des trompes d'éléphants, émail fond vert et ornements en couleurs.

129 — Email cloisonné. Pi-tong de forme cylindrique, fond bleu turquoise à fleurs et rinceaux en couleurs, et portant au fond la marque du règne de l'empereur Khien-Long.

130 — Email cloisonné. Pi-tong de forme cylindrique, fond bleu turquoise, orné de fleurs, émaillées de couleurs variées portant au fond la marque de Siouen-té (1426-1435) du règne des Ming.

131 — Email cloisonné. Pi-tong de forme cylindrique, fond bleu turquoise, enrichi de belles fleurs émaillées en couleurs. Cette pièce est élevée sur trois petits pieds dorés.

132 — Email cloisonné. Vase en forme de gourde aplatie et à anses, fond bleu turquoise à fleurs et oiseaux émaillés en couleur.

133 — Email cloisonné. Théière à anse carrée et goulot, fond bleu turquoise, ornée de lions, fleurs, etc., émaillés en couleurs.

134 — Email cloisonné. Deux jolis petits vases en forme de flacons, fond bleu turquoise, enrichis de fleurs et d'ornements divers émaillés en couleurs.

135 — Email cloisonné. Petit cornet à panse sphérique, fond bleu turquoise et imbrications de couleurs.

136 — Email cloisonné. Petit vase à côtes, fond vert pistache et fleurs émaillées jaune.

137 — Email cloisonné. Petite table support; la tablette fond bleu turquoise à grecques et ornements divers en couleurs, et les montants en bronze ciselé.

138 — Email cloisonné. Boîte de forme sphérique et à piédouche, enrichie de fleurs et ornements divers en couleurs.

139 — Email cloisonné. Petite boîte de forme sphérique et à piédouche, fond bleu turquoise à fleurs et rinceaux en couleurs.

140 — Email cloisonné. Deux pièces : un bougeoir forme ronde et une applique fond bleu turquoise à fleurs, poissons et ornements divers en couleurs.

140 bis — Email cloisonné. Trois pièces en forme d'appliques : cassolette, cornet et coupe fond bleu turquoise à fleurs et ornements de couleurs variées sur fond et dans un cadre en bois formant tableau à la manière chinoise. Pièce très-originale.

ÉMAUX PEINTS

141 — Email peint. Bassin de forme oblongue à côtes rentrantes, fond bleu turquoise orné de grecques fleurs et feuillages en couleurs.

142 — Deux brûle-parfums de forme ronde à grosses panses, supportés par trois pieds, fond bleu turquoise ornés de nuages de couleurs variées et de chauves-souris décorées en brun.

143 — Deux petits vases à grosses panses et à gorges élevées, fond gros bleu à fleurs en camaïeu bleu clair.

144 — Deux autres semblables de forme, fond gros bleu caillouté d'or à fleurs et feuillages de couleurs variées.

145 — Deux Tubes de forme cylindrique, entièrement couverts de fleurs et feuillages repercés à jour et finement peints de couleurs variées.

145 bis. — Joli Miroir de main, fond bleu turquoise et belles fleurs émaillées. Il porte les armoiries de l'impératrice.

BRONZES

146 — Bronze. Jardinière de forme ovale et à quatre lobes, ornée de quatre médaillons au dragon impérial à cinq griffes, ciselés en relief et dorés en partie.

147 — Bronze. Grand et beau Cornet forme carrée, à panse renflée et col très-évasé, à ornements ciselés en relief et arêtes en saillies, portant au fond un cachet, époque de Siouen-té, 1426 à 1435.

148 — Bronze. Jolie cassolette ronde et basse, sur trois pieds, à dragons ciselés en relief sur la panse, et à couvercle à ornements divers repercés à jour, et à anses à dragons, époque de Siouen-té, 1426 à 1435.

149 — Bronze. Joli Vase forme balustre à anses à bouquets de fleurs, et la panse ornée d'un oiseau se reposant sur des branches de fleurs ciselés en haut-relief.

150 — Bronze. Vase en forme de balustre, gorge à quatre lobes, à anses têtes d'éléphants, fruits et fleurs ciselés en relief sur la panse, époque de Siouen-té, 1426 à 1435.

151 — Bronze. Cassolette forme ronde, à anses têtes d'éléphants, et dragon impérial à cinq griffes dans des nuages, ciselés en haut-relief sur la panse.

152 — Bronze. Divinité indienne représentée par une figure assise.

153 — Bronze. Grand et joli Cornet de forme élevée, à col très-évasé, orné de grecques et dessins divers incrustés de filets d'argent.

154 — Bronze. Cassolette de forme ronde surbaissée, à anses mufles de lion, et à beaux ornements et frise sur la panse. Époque de Siouen-té, empereur, 1426 à 1435.

155 — Bronze. Petit Brûle-Parfums de forme ronde et à anses. supporté par trois pieds à têtes et trompes d'éléphants, à oiseaux ciselés en relief sur la panse.

156 — Bronze. Deux Flambeaux représentés par deux figurines de Tartares montées sur des rochers, supportant un vase porte-lumière.

157 — Bronze. Petit Vase forme balustre à ornements divers gravés sur la panse et sur les frises.

158 — Bronze. Petit Groupe d'un buffle couché monté par deux Chinois.

159 — Bronze. Trois petites pièces : une Coupe et deux Couvercles dont l'un est surmonté d'un chien de Fo accroupi.

160 — Bronze du Tonkin. Petit Porte-Allumettes en forme de cornet carré à coins arrondis et à médaillons ciselés en haut-relief et dorés, à fleurs, arbustes, oiseaux, etc.

161 — Bronze. Brûle-Parfums de forme ovale et à anse mouvante ornée de fleurs et oiseaux champlevés et émaillés.

162 — Bronze du Tonkin. Très-joli petit Socle de forme ronde à beaux ornements ciselés en relief et entièrement dorés.

SCULPTURES EN IVOIRE

163 — Grande et jolie Jonque, finement sculptée et reperpercée à jour, montée par quantité de personnages. C'est un des plus beaux ivoires connus.

163 bis — Jonque impériale toute en ivoire. Longueur totale, 74 centimètres ; coque en ivoire, 57 centimètres.

Les parties qui s'élèvent au-dessus de la coque se composent de chambres spacieuses, séparées intérieurement par des cloisons en ivoire et à jour, et fermées en dehors par de larges bandes d'ivoire qui offrent une grande variété de dessins comparables à ceux de la plus fine dentelle brodée.

Une vingtaine de personnages, en ivoire sont placés dans les chambres et en dehors de la jonque, laquelle est surmontée de seize hampes terminées par des lames et des armoiries de diverses formes.

Sur le devant de la poupe sont incrustés les mots chinois : *Chun-fong-siang-song*, qu'un vent favorable vous conduise.

Cette jonque, renfermée dans une cage en verre, est certainement la plus grande et la plus belle qui existe en Europe.

On en voit rarement de semblables en Chine où leur construction exigerait plusieurs années de travail et entraînerait des frais énormes.

164 — Ivoire sculpté. Figurine de Chinoise debout.

165 — Ivoire sculpté. Eléphant caparaçonné.

166 — Ivoire sculpté. Deux jolies Figurines, dont l'une est agenouillée et l'autre debout, finement sculptées et à vêtements peints.

167 — Ivoire gravé. Pi-tong orné de paysages et d'inscriptions.

168 — Ivoire sculpté. Deux petits Cornets, dont l'un uni et l'autre sculpté à bas-reliefs, paysages et combats de cavaliers tartares.

169 — Ivoire sculpté. Deux pièces appliquées : une Jonque montée par des marins, et un enfant près d'un buffle.

170 — Ivoire sculpté. Deux Carnets de visite, sculptés à paysages et figurines sur toutes les faces.

171 — Ivoire sculpté. Deux pièces : une Boîte et un carnet de visite à médaillons sculptés à bas-reliefs, sur fond uni.

172 — Ivoire sculpté. Cinq très-petites Tablettes à compter; au revers des paysages sculptés.

173 — Ivoire sculpté. Très-petite Corbeille ronde ornée de chauves-souris et de nuages sculptés en haut-relief et entièrement repercés à jour.

SCULPTURES EN BOIS

174 — Bois sculpté. Grande Figure de Mendiant debout, sculptée dans une racine de mandragore, sur un socle de bois de fer.

175 — Bois sculpté représentant un Rocher entouré de kiosques, paysages, ponts, nacelles et quantité de figurines en haut-relief.

176 — Bois sculpté. Groupe d'un Chinois barbu et assis ; auprès de lui deux petits enfants.

177 — Bois sculpté. Philosophe chinois à tête barbue, monté sur un cerf.

178 — Bois sculpté. Poussah accroupi tenant un chapelet à la main.

179 — Bois sculpté. Autre Poussah accroupi.

180 — Bois sculpté. Philosophe chinois à tête barbue, tenant un sceptre à la main, monté sur un âne.

181 — Bois sculpté. Cheval accroupi sur lequel se trouve un petit singe.

182 — Bois sculpté. Deux groupes lions et lionceaux finement sculptés, montés sur des rochers.

183 — Bois sculptés. Trois Pitongs sculptés à bas-reliefs, sujets animaux et fleurs. Pourront être divisés.

184 — Bois sculpté. Deux Pitongs à médaillons sculptés en relief : Chinois dans une nacelle.

185 — Bois sculpté. Trois Pitongs de différentes grandeurs, à sujets sculptés en bas-reliefs, figures chinoises, fleurs et branchages.

186 — Bois sculpté. Trois tubes de forme cylindrique, à paysages ornés de figurines sculptées en relief et repercées à jour.

187 — Bois sculpté. Coupe de forme contournée, ornée d'arbrisseaux et de branches de fleurs en haut-relief.

188 — Bois sculpté. Boite ronde et à couvercle à fleurs et feuillages sculptés en haut-relief.

189 — Bois sculpté. Quatre tasses ornées de médaillons sur fonds quadrillés, sculptés et gravés.

190 — Bois de fer. Boite de forme carrée, incrustée d'ornements à grecques, fleurs et chauves-souris en nacre de perle gravée.

OBJETS EN CORNE DE RHINOCÉROS

191 — Corne de rhinocéros. Coupe de forme ovale à bec et gorge évasée ; l'anse formée d'enroulements de dragons sculptés en ronde-bosse et repercés à jour ; la panse ornée de dragons et frises à grecques, sculptés en relief et gravés.

192 — Corne de rhinocéros. Coupe ovale représentant une fleur de lotus, dont les branches évidées et sculptées en relief forment, ainsi que les fruits et les feuillages, l'anse et l'ornement de la panse.

193 — Corne de rhinocéros. Coupe ovale se terminant en pointe tronquée. Un dragon s'enroulant autour de la panse finement sculpté en haut-relief, en forme l'ornement.

194 — Corne de rhinocéros. Coupe de forme contournée, représentant une fleur de lotus dont les différentes branches forment la poignée, les boutons et l'ornement de la panse.

PIERRES DE LARD

195 — Pierre de lard. Poussah assis, d'une couleur blanchâtre, finement sculpté; sur socle de forme contournée, de couleur rouge, à frises finement gravées et dorées.

196 — Pierre de lard. Trois pièces: main de Bouddha, de couleur verdâtre; petite coupe moitié d'une grenade et une boîte ronde ornée de dragons, chauves-souris, etc.; de couleurs variées sur fond blanc.

197 — Pierre de lard. Cachet : Lion et lionceau debout, finement sculptés, posés sur un socle en forme de cube gravé, à ornements et inscriptions.

198 — Pierre de lard. Rocher de forme carrée, couleur jaspe fleuri, inscriptions chinoises sur toutes ses faces et gravure servant de cachet; il servait à sceller les condamnations à mort.

199 — Pierre de lard. Deux cachets, dont l'un surmonté d'un lion couché et l'autre d'un chien de Fo.

200 — Pierre de lard. Trois cachets, dont deux forme carrée allongée, et un en guise de rocher.

201 — Pierre de lard. Tableau composé de rochers, fleurs, feuillages et oiseaux sculptés en relief et coloriés.

202 — Pierre de lard. Deux tableaux à vases, fruits et fleurs sculptés en relief et coloriés.

203 — Pierre schisteuse. Paysage orné de lierres, arbres et fleurs de couleur verte sur fond brun, monté en écran en bois sculpté.

204 — Pierre schisteuse. Paysage orné de rochers et plantes aquatiques sculptés en relief et sur fond brun monté en écran, en bois sculpté.

COLLIERS & BRACELETS

205 — Très-beau collier monté à l'orientale composé de boules en tourmaline blanchâtre et rose, dite rubis rose ou sibérite d'Orient, enrichi d'un fruit de longévité en forme de cœur; il est accompagné de son bracelet complétant la parure de l'impératrice.

206 — Très-beau collier composé de boules en jade taillées en forme d'olives divisées par des boules de lapis-lazuli et orné de pendentifs en corail rose, terminé par des poires en tourmaline rose et montées à feuillages d'argent.

207 — Collier composé de jades de plusieurs couleurs, tourmaline, etc., taillés en forme de tubes, orné de pendentifs de poissons, osselets, etc., en agate orientale et autres matières; il est d'une originalité et d'une beauté surprenante.

208 — Collier composé de boules en cornaline orientale et orné d'un médaillon formé d'un fruit.

209 — Collier composé de boules en cornaline, malachite et jade vert émeraude.

210 — Joli collier composé de petites boules noires séparées de boules de diverses matières et orné de quatorze pendentifs représentant des figurines, des animaux, des fruits et des instruments divers en jade, lapis-lazuli, tourmaline, cristal de roche, améthyste, etc.

211 — Collier composé de grains en belle aventurine taillés à facettes, et orné de monnaies chinoises.

212 — Collier en boules d'ambre noir, séparées par des boules d'agate et orné d'un médaillon en ambre jaune, représentant un fruit de longévité, sculpté à feuillages en relief.

213 — Beau collier à boules en ambre jaune doré, séparé et orné de fortes boules, pendentifs et médaillon orné d'une pendeloque en malachite montés en argent doré.

214 — Collier à boules en ambre jaune foncé, séparé par des boules de couleur verte, et pendentifs imitant le corail.

215 — Collier composé de boules en ambre jaune, séparées par des boules en speckstein et orné d'un médaillon en tourmaline rose enrichie d'une pendeloque en améthyste de Sibérie.

216 — Collier composé de boules en ambre jaune clair, divisé par de grosses boules en speckstein, orné d'un médaillon et d'une pendeloque en jade vert émeraude.

217 — Collier composé de boules en ambre, orné d'une boule en lapis-lazuli de Sibérie.

218 — Collier composé de boules roses nommées dans l'Orient rubis tartares.

219 — Collier composé de boules en ivoire, séparées par de fortes boules en jade, orné d'un médaillon en malachite, représentant des Chinois, fruits et fleurs sculptés en bas-relief et repercés à jour, et d'une pendeloque en lapis-lazuli.

220 — Trois colliers composés de fruits et de pâtes odoriférantes, dont l'un orné d'un noyau sculpté à bas-relief, deux Chinois montés sur un buffle.

221 — Bracelet composé de boules de tourmaline de belle couleur rose, divisées par des boules en jade blanc.

222 — Bracelet composé de boules en tourmaline blanchâtre séparées par des boules en tourmaline rose.

223 — Bracelet composé d'olives en jade blanc séparées par des olives en corniol.

224 — Bracelet composé de boules et d'une pendeloque en améthyste de Sibérie.

225 — Bracelet composé de boules en cornaline divisées par des boules en corail.

226 — Deux bracelets composés de boules en spekstein et cornaline, et cinq autres boules en améthyste de Sibérie.

227 — Bracelet composé de boules en corail alterné de speckstein imitant la turquoise et orné de deux fortes boules et une pendeloque en améthyste de Sibérie.

228 — Bracelet composé de boules en speckstein imitant la turquoise, et d'une pendeloque en lapis-lazuli de Sibérie.

229 — Bracelet composé de grains sculptés à entrelacs et repercés à jour, en lapis-lazuli de Perse alterné de boules en malachite.

230 — Deux bracelets composés de grains et pendeloques en cuivre repercé à j ur et émaillé, l'un en gros bleu, l'autre en bleu turquoise.

231 — Deux bracelets en boules odoriférantes, séparées par des boules rouges.

PORCELAINES

232 — Grand et magnifique vase de forme octogone, à corps renflé et à gorge ; anses à mufles de lions, émaillé fond vert pistache à fleurs, ornements divers, chauve-souris en couleur, et grande rosace de la dynastie des Myngs. C'est une pièce très-belle.

Hauteur, 56 centimètres.

233 — Deux très-beaux vases forme balustre, fond blanc et vert à l'intérieur, ornés d'une quantité innombrable de personnages portant chacun un insigne allégorique ayant rapport à la procession annuelle du grand dragon vert ; le tout émaillé de couleurs variées. Au revers, une nacelle portant différents personnages et surmontée d'une bannière indiquant le principe universel.

Hauteur, 42 cent.

234 — Grand et beau vase, forme ovoïde, fond bleu lapis, à médaillons dorés représentant le dragon impé rial, poissons et sujets divers. La gorge, de forme cylindrique, porte le cachet de la dynastie des Myngs.

Hauteur, 44 cent.

235 — Grand et beau vase, forme balustre, à gorge évasée et anses à dragons, en ancienne porcelaine craquelée sur fond céladon vert.

Hauteur, 41 cent.

236 — Deux beaux vases, forme carrée et à côtes horizontales en ancien craquelé sur fond céladon vert.

Hauteur, 29 cent.

237 — Joli vase forme balustre, à anses à dragons, en craquelé gris.

Hauteur, 38 cent.

238 — Joli vase d'une forme très élégante, à balustre, à col allongé et gorge évasée ; orné d'un dragon ailé et d'animaux chimériques portés par les vagues de la mer, et le col orné de nuages et chauve-souris ; le tout émaillé de belles couleurs variées. Qualité ancienne.

Hauteur, 43 cent.

239 — Très-beau vase, forme balustre, fond bleu turquoise clair, enrichi de jolies fleurs et papillons émaillés de belles couleurs variées et d'or.

Hauteur, 39 cent.

240 — Joli vase, forme sphérique, à goulot étroit et très-allongé, en ancienne porcelaine fond blanc, orné de lions en camaïeu bleu et à écailles bronzes.

Hauteur, 45 cent.

241 — Deux jolis et grands cornets, ornés de paysages, fleurs et figurines en camaïeu bleu au grand feu rehaussé et sur fond à écailles de couleurs variées.

Hauteur, 40 cent.

242 — Joli vase, forme élégante à balustre allongé à col droit, en ancien craquelé, fond rouge lie de vin. Pièce très-rare.

Hauteur, 43 cent.

43 — Très-joli vase, forme balustre bas et à anses à dragons, fond blanc enrichi de très-beaux ornements, dragons et grecques, le tout émaillé de belles couleurs. Dynastie des Myngs.

Hauteur, 32 cent.

244 — Très-beau vase, forme balustre fond bleu turquoise truité, flambé de grands nuages en bleu au grand feu.

Hauteur, 35 cent.

245 — Joli vase de forme sphérique à goulot allongé et à anses, fond céladon vert clair orné de dragons et dessins divers gaufrés blanc.

Hauteur, 37 cent.

246 — Deux magnifiques vases, forme balustre, à anses à dragons émaillés rouge et vert. Les panses ornées sur tout leur pourtour de paysages enrichis de personnages à cheval et à pied, très-finement peints, et émaillés de couleurs variées d'une grande harmonie de tons.

Hauteur, 29 cent.

247 — Joli vase, forme balustre, à panse sphérique et à gorge évasée en porcelaine céladon blanc mat et à belles fleurs gravées sous couverte; qualité très-rare.

Hauteur, 30 cent

248 — Très-joli vase, forme balustre, émaillé d'une couleur blanchâtre très-fine, orné sur la panse du grand dragon impérial à cinq griffes, finement gravé et sous-couverte. Echantillon très-rare.

Hauteur, 30 cent.

249 — Très-joli vase, forme balustre à grosse panse, émaillé en bleu turquoise, légèrement flambé et truité. Qualité rare.

Hauteur, 29

250 — Très-joli vase à panse cylindrique et goulot à collet à fond céladon clair, la panse ornée de plantes aquatiques et grue, le collet à fleurs et papillons émaillé de belles couleurs et à anses à dragons en rouge.

Hauteur, 29 cent.

251 — Joli vase, forme balustre, à anses à dragons dorés, orné sur ses contours d'un très-joli paysage et d'une rivière enrichie de quantité de figurines.

Hauteur, 33 cent.

252 — Joli vase, forme balustre à panse cylindrique et anses à dragons, fond céladon vert clair, orné de figurines, vases et sujets divers peints en camaïeu bleu rehaussé de blanc.

Hauteur, 31 cent.

253 — Vase de forme cylindrique à goulot évasé, fond céladon vert clair, orné d'une figure de mandarine en camaïeu bleu rehaussé de blanc.

Hauteur, 24 cent.

254 — Vase de forme cylindrique à goulot évasé, fond céladon vert clair, orné de figurines en camaïeu bleu rehaussé de blanc.

Hauteur, 24 cent.

55 — Deux très-jolis vases d'une forme élégante à côtes, à goulot allongé et à anses à dragons, fond céladon vert clair uni d'une belle qualité.

Hauteur, 37 cent.

256 — Deux très-jolis vases, forme balustre à anses à tubes, fond céladon vert de mer, enrichi de fleurs et d'ornements gaufrés blanc sous émail.

Hauteur, 33 cent.

257 — Deux très-jolis cornets, forme hexagone à fond blanc repercés à jour dans leurs différentes parties, enrichis sur toutes leurs faces de sujets chinois ornés de figurines émaillées de belles couleurs.

Hauteur, 28 cent.

258 — Deux vases de forme carrée à anses à mufles de lion, fond blanc à sujets chinois sur chacune des faces ornés de figures en couleurs.

Hauteur, 29 cent.

259 — Vase à grosse panse et à quatre anses surélevées, en craquelé, fond céladon vert clair.

Hauteur, 24 cent.

260 — Coupe ronde à bord plat, ornée intérieurement de cinq médaillons, jeux d'enfants chinois finement peints, émaillés de couleurs sur fond vert émeraude rehaussé de grecques; le bord orné de dragons peints en rouge rehaussé d'or.

Diamètre, 39 cent.

261 — Très-joli plat rond; l'intérieur, est orné au centre d'une rosace composée de chauves-souris, nuages, etc., le reste est orné de médaillons à figurines à têtes d'animaux et inscriptions diverses. Le bord, ainsi que l'extérieur du plat, fond bleu turquoise enrichi de fleurs, chauves-souris et ornements divers émaillés de belles couleurs.

Diamètre, 38 cent.

262 — Autre à peu près semblable.

263 — Coupe ovale à piédouche, à quatre lobes, représentant intérieurement une forteresse au bord de la mer, extérieurement des vagues et fruits de longévité. Le tout émaillé de couleurs sur fond blanc. Époque de l'empereur Thing-Hoa. 1465-1487.

Grand diamètre, 28 c.

264 — Deux coupes ovales, à piédouches et contournées, décorées extérieurement de jolis groupes de fleurs et de vagues, et l'une ornée d'une figurine à l'intérieur; émaillées de couleurs variées sur fond blanc.

Grand diamètre, 28 c.

265 — Plateau rond, fond céladon vert clair, enrichi intérieurement de belles fleurs et plantes aquatiques émaillées de belles couleurs.

Diamètre, 34 c.

266 — Pitong fond céladon bleu clair, à dessins gaufrés sous émail.

Hauteur, 16 c.

267 -- Très-joli vase forme balustre, à anses à trompes d'éléphants et à anneaux, en céladon fleuri, à fleurs et chauves-souris sur fond bleu clair.

Hauteur, 26 c.

268 — Vase d'une forme très-élégante et à côtes, le col entouré d'un ruban à nœud, fond gris bleu cendré et teinté

Hauteur, 25 c.

269 — Pitong fond blanc, orné de feuillages et fleurs de pêcher, enrichi d'oiseaux émaillés de couleurs variées.

Hauteur, 16 c.

270 — Plateau rond à compartiments et de forme contournée, orné de sujets chinois, enrichis de figurines, émaillés de couleurs variées.

271 — Jolie bonbonnière ornée de médaillons à sujets chinois, fleurs et papillons, émaillés de couleurs variées.

Diamètre, 17 c.

272 — Grande Théière de forme cylindrique, fond blanc, ornée sur la panse d'un paysage et cours d'eau, enrichi de nombreuses figurines.

273 — Vase forme sphérique et à anses en craquelé gris.

274 — Vase forme bouteille, à panse sphérique et goulot allongé, en céladon haricot rouge.

275 — Vase de forme sphérique, à gorge et goulot évasés, en céladon blanc gaufré.

276 — Vase forme de balustre, à anses à mufles de lions, fond céladon vert clair, à médaillon sur la panse : une mandarine assise, auprès d'elle un cerf peint en camaïeu rose brun sous émail. Époque de Tching-té, empereur, 1516-1521.

277 — Petit vase forme ovoïde, à anses mufles de lion, à médaillon : mandarine debout et cerf peint en camaïeu bleu, rehaussé de brun sur fond céladon vert clair. Epoque de Siouen-Ti, empereur, 1426 à 1435.

278 — Deux vases forme ovoïde, à goulots évasés, à anses dragons peints bleu clair, ornés de médaillons : grand seigneur à cheval, accompagné de son suivant portant l'ombrelle. Le tout émaillé de couleurs sur fond blanc.

279 — Deux petits vases forme balustre et à couvercle, fond vert pistache clair gravé à arabesques et à médaillons : jeux d'enfants et bouquets de fleurs parsemés, émaillés de belles couleurs.

280 — Deux jolis cornets à forte panse à fond et décor pareils aux vases précédents.

281 — Deux vases forme ovoïde élancée, fond vert clair mamelonné, rehaussés de feuillages peints en noir et ornés sur la panse d'un bouquet de pivoines, émaillés d'un beau rouge.

282 — Deux petits vases forme bouteille, à panse sphérique et goulot allongé, émaillés en bleu turquoise. Joli échantillon.

283 — Deux petits vases même forme que les précédents, émaillés couleur vert pré et truités. Joli échantillon.

284 — Magnifique petit vase forme ovoïde à très-petit goulot allongé, fond bleu du plus beau ton de lapis-lazuli de Perse, orné d'un paysage doré.

285 — Joli petit vase forme balustre aplati et à anses. La panse divisée en quatre compartiments carrés arrondis et en relief, finement gravée à grecques enlacées sous émail et peint en bleu d'empois clair.

286 — Petit vase forme balustre à goulot allongé, en craquelé sur fond gris, à frises céladon sur la panse, ornée de dessins en gros bleu.

287 — Deux petits vases forme balustre, fond blanc, ornés de mandarins et figurines d'enfants finement peints et émaillés de couleurs.

288 — Vase forme balustre à goulot évasé, en ancien craquelé gris.

289 — Vase forme balustre à goulot étroit, en ancien craquelé gris.

290 — Vase forme balustre à forte panse et goulot évasé, fond céladon vert orné d'arbustes, cerfs, biches et grues, émaillés gros bleu rehaussé de blanc et brun.

291 — Deux vases forme balustre, dont un rond et un carré, fond céladon blanc laiteux et à grandes craquelures.

292 — Deux petits vases forme balustre, dont l'un à goulot à bourrelet et l'autre à goulot allongé, fond céladon verdâtre et craquelé.

293 — Joli petit vase forme balustre élancé, fond vert pistache clair à rinceaux gravés, orné d'un bouquet de fleurs émaillées de couleurs variées.

294 — Cornet de forme basse et évasée, à rinceaux sur la panse, en céladon blanc gaufré.

295 — Petit vase forme gourde en céladon vert très-clair, à papillons et insectes en blanc sous émail.

296 — Petit vase forme balustre, fond blanc, orné d'un paysage, mandarine et enfants finement peints et émaillés de couleurs variées.

297 — Vase de forme cylindrique, fond blanc, à médaillon à paysage, mandarine et enfant; au revers de vases et ustensiles divers. Le tout émaillé de belle. couleurs variées.

298 — Vase de forme sphérique basse et goulot évasé, en ancien craquelé gris.

299 — Petit brûle-parfums de forme ronde et basse, sur trois pieds et à anses surélevées, en ancien craquelé brun.

300 — Trois petits vases formes diverses à balustre, en craquelé rouge sur fond blanc.

301 — Petit Vase forme ovoïde allongée, fond bleu turquoise teinté.

302 — Petit Vase forme ovoïde allongée, fond blanc, la panse ornée d'un oiseau et belles fleurs émaillées en couleurs.

303 — Joli petit Vase forme ovoïde, céladon blanc et fleurs sous émail.

304 — Petit Vase forme cylindrique, fond blanc, orné de beaux dessins bleus.

305 — Coupe de forme octogone, émaillée vert à l'intérieur, ornée extérieurement de fleurs et feuillages de belles couleurs variées.

306 — Coupe à cinq lobes, émaillée vert à l'intérieur, ornée extérieurement de deux dragons impériaux, de lions, de fleurs, le tout émaillé de couleurs variées.

307 — Coupe forme carrée, à coins rentrants, émaillée vert à l'intérieur, décorée extérieurement de papillons, chauve-souris et fleurs diverses, et à frises ornementées, le tout émaillé de belles couleurs variées.

308 — Petite Coupe forme carrée, contournée, émaillée vert à l'intérieur, décorée extérieurement d'un paysage orné de figurines dans des poses et costumes divers.

309 — Coupe carrée, forme basse, à coins arrondis, émaillée intérieurement et extérieurement en céladon vert, et ornée de grecques à têtes de dragons dorées.

310 — Coupe ronde, fond émail vert pistache rehaussé de bleu, à bande blanche sur la panse, enrichie d'un paysage et jeux d'enfants émaillés de couleurs variées.

311 — Coupe ronde, fond blanc, ornée d'un paysage et fabrique émaillés de couleurs diverses.

312 — Coupe ronde, fond blanc, ornée de divers dessins chinois, peints en rouge et en vert.

313 — Petite coupe forme contournée, fond blanc, ornée d'un jardin et figurines dans des poses et costumes divers, émaillée de couleurs variées.

314 — Coupe ronde fond blanc, ornée de nombre de vases de formes diverses, émaillés de belles couleurs variées.

315 — Petit Plateau forme compotier, orné intérieurement de quatre figures de généraux chinois dans de riches costumes et d'inscriptions relatant leurs hauts faits.

316 — Coupe de forme hexagone, basse, et à gorge évasée, émaillée bleu verdâtre à l'intérieur, fond rose extérieurement, et à décor de fleurs et ornements divers émaillés de couleurs variées.

317 — Deux jolis Flacons accolés, de forme ronde aplatie, à goulots élevés, décorés de dragons sur fond vert pistache, et sur la panse dragons, fleurs et ornements émaillés de belles couleurs variées.

318 — Deux petites Coupes rondes à couvercles, émaillées bleu turquoise à l'intérieur, et décorés extérieurement de fleurs et ornements divers émaillés de couleurs variées sur fond or.

319 — Pi-Tong forme cylindrique, fond bleu turquoise, et décor de fleurs et ornements divers émaillés de couleurs variées.

320 — Deux Vases forme carrée à piédouche, et goulot formant porte-allumettes, fond rouge violacé, orné de fleurs émaillées couleurs variées, et à médaillons à inscription. Epoque de l'empereur Kien-Long.

321 — Très-petite Cassolette de forme carrée et à couvercle, surmontée d'un chien de Fo, reposant sur quatre pieds à têtes et trompes d'éléphants, fond vert chagriné, et à médaillons de paysages.

322 — Deux Tasses présentoires et à couvercles, fond bleu clair, ornées d'oiseaux et fleurs émaillées de belles couleurs variées. Fabriquées dans la salle de la Vertu.

323 — Deux Tasses fond blanc, divisées en compartiments à spirales dont chacun est orné d'un bouquet de fleurs émaillées de couleurs variées.

324 — Huit Tasses présentoires à couvercles, fond blanc, ornées de fruits, fleurs et feuillages, et à papillons, émaillées de couleurs variées. Epoque de Tching-Té, 1500.

Ce lot pourra être divisé.

325 — Huit petites Tasses ornées de nuages et fruits, émaillés de couleurs variées sur fond or. Epoque de Tching-Hoa, 1465-1487.

Ce lot pourra être divisé.

326 — Neuf Tasses présentoires et à couvercle, fond blanc, ornées de paysages et figurines dans des poses diverses peintes en grisaille, les chairs teintées et les costumes rehaussés d'or. Epoque des Mings-Tching-Hoa, 1465-1487.

Ce lot pourra être divisé.

327 — Neuf Tasses forme évasée à soucoupes, fond blanc, ornées de figurines, dragons impériaux, grues et nuages émaillés de couleurs variées. Elles portent le cachet des Mings. 1465-1487.

Ce lot pourra être divisé.

328 — Six Tasses à bord évasé, fond blanc, ornées de plantes aquatiques et insectes émaillés de couleurs variées. Chia-Té, empereur, 1465-1487.

329 — Quatre Tasses et soucoupes forme évasée, fond blanc, ornées de vagues et chauves-souris volant, émaillées de couleurs diverses. Tching-Hoa, 1465.

330 — Six Tasses forme évasée, fond blanc, ornées extérieurement et intérieurement de grenades, fleurs, feuillages et papillons, finement peints et émaillés de belles couleurs variées.

Ce lot pourra être divisé.

331 — Deux Tasses présentoires et à couvercle, fond blanc, ornées de paysages à roseaux et canards, émaillés de couleurs diverses.

332 — Une belle Tasse présentoire à couvercle, fond blanc, ornée de fleurs et jolis papillons finement émaillés de couleurs variées. Kien-Long, empereur, 1736

333 — Tasse présentoire et à couvercle, en craquelé rose, ornée de fleurs émaillées de couleurs variées. Très-jolie pièce.

334 — Tasse forme hexagone, ornée de lions, nuages, etc., émaillée de couleurs variées sur fond or.

335 — Bol orné d'un dragon impérial, lions, nuages, etc., émaillé en couleurs sur fond or.

336 — Petite Coupe forme carrée, à coins rentrants, fond céladon vert, ornée de dessins dorés.

337 — Un compotier, fond vert céladon, décoré extérieurement et intérieurement de dragons gravés en creux et émaillés en vert émeraude.

338 — Petit Plateau rond, fond blanc laiteux, finement gravé à rinceaux, orné d'un bouquet de fleurs émaillées de couleurs variées.

339 — Deux Pi-Tong, fond jaune orange; l'un orné d'un paysage en relief, et l'autre d'une figurine de mandarine.

340 — Coupe ronde forme baquet, fond rose marbré, à fleurs et cerceaux dorés. Epoque Tchang-Hoa, 1465.

341 — Dix tasses fond blanc, ornées de figurines et fleurs.

342 — Dix tasses fond blanc, ornées d'oiseaux et de belles fleurs émaillées de couleurs variées. Epoque Tching-Hoa, 1465-1487.

343 — Six tasses fond vert d'eau, à ornements blancs sous émail.

344 — Trois tasses ornées de fleurs et feuillages de couleurs variées sur fond blanc.

345 — Deux tasses fond blanc, enrichies de grandes fleurs et de feuillages, décorées intérieurement et extérieurement de belles couleurs variées.

346 — Quatorze tasses fond blanc, forme évasée, ornées de feuillages et crabes, décor polychrome.

347 — Deux tasses ornées d'arbustes et à inscriptions, sur fond blanc. Epoque de l'empereur Khang-Hi, 1662.

348 — Deux grandes tasses, ornées de paysages et figurines en camaïeu bleu. Epoque de l'empereur Khang-Hi, 1662-1722.

349 — Deux grandes tasses fond blanc, ornées de papillons, de fleurs aquatiques, émaillées de couleurs variées.

350 — Un jeu de huit tasses fond blanc, ornées de mandarines dans des poses différentes décorées, intérieurement d'une rosace composée de grenades et feuillages.

351 — Un jeu de huit tasses fond blanc, ornées de mandarines dans des poses différentes et richement costumées.

352 — Un jeu de sept tasses fond blanc, ornées de mandarines émaillées de couleurs variées.

353 — Jeu de six tasses fond blanc et à mandarines.

354 — Deux grandes tasses provenant d'un jeu, fond blanc, ornées de mandarines et d'enfants, émaillés de couleurs variées. Epoque Kien-King, 1796

355 — Deux compotiers fond blanc, décorés intérieurement et extérieurement de feuillages émaillés en vert et frises ornementées en camaïeu bleu. Epoque Tching-Hoa, 1465.

356 — Quatre tasses de forme et grandeur différentes, fond blanc, ornées de mandarines émaillées de couleurs variées. Epoque Chan-Tang-Hi, 1662-1722.

357 — Trois soucoupes fond blanc, ornées de paysages et figurines.

358 — Trois soucoupes fond blanc, ornées de quatre rosaces, chacune formée de dragons enroulés, en camaïeu bleu. Epoque Yong-Tching, 1723-1735.

359 — Cinq tasses fond blanc, ornées de fleurs et feuillages.

360 — Six tasses fond blanc, ornées de plantes aquatiques, perroquets et oiseaux.

361 — Deux présentoires à couvercle fond blanc, ornés de papillons, fleurs et feuillages émaillés de couleurs variées.

362 — Un jeu de quatre boîtes forme cylindrique, fond blanc, ornées autour de combats de cavaliers contre des piétons, et sur le couvercle réunion de mandarins.

363 — Deux tasses rondes et à couvercle, à côtes, fond blanc, ornées de mandarines en couleurs.

364 — Quatre petites coupes à piédouche, fond blanc, ornées de poissons et feuillages émaillés de couleurs variées.

365 — Deux sucriers fond blanc, ornés de médaillons et fleurs en couleurs.

366 — Une cassolette montée sur trois pieds, fond blanc, ornée de lions en couleurs.

367 — Deux boîtes rondes et à couvercle, de forme basse, fond blanc, les frises ornées de fleurs et le couvercle orné d'un médaillon représentant des figurines de mandarins et mandarines.

368 — Six sucriers, dont deux à côtes, fond blanc, enrichis d'ornements divers en couleurs.

Seront vendus par lots.

369 — Deux porte-allumettes forme cylindrique, ornés de mandarines en couleurs.

370 — Trois autres forme, cylindrique de différentes grandeurs, fond blanc, orné de fleurs, de mandarines et inscriptions.

371 — Très-petit vase forme sphérique, à bas-reliefs rochers et fleurs, fond céladon jaune.

372 — Neuf très-petites coupes fond blanc, ornées intérieurement de fleurs en camaïeu bleu.

373 — Cinq petites coupes fond blanc, ornées de fleurs et feuillages, émaillés à l'intérieur.

374 — Trois autres, fond blanc, décorées intérieurement de fleurs et feuillages en couleurs.

375 — Six très-petits plateaux forme losange arrondi, fond vert pistache et gravés, ornés d'une fleur émaillée de couleurs variées.

376 — Un jeu de deux boîtes forme cylindrique, fond jaune nankin, ornées de paysages et figurines en couleurs.

377 — Six soucoupes fond blanc, ornées de médaillons à fleurs sur fond rouge.

378 — Plaque de forme rectangulaire, ornée d'un intérieur enrichi de figurines de mandarins et mandarines en couleurs, sur fond blanc, montée sur une boîte en bois de fer.

ALBUMS & TENTURES

379 — Album contenant vingt-cinq feuilles d'impression, sur chaque feuille deux sujets de forme carrée, représentant différentes cultures; sujets d'une belle composition et finement dessinés.

380 — Album en format in-8°, contenant vingt-sept sujets représentant des scènes de la vie des Chinois, depuis l'empereur, sujets religieux, scènes de la vie civile, ainsi que de l'agriculture, très-finement peints sur soie et d'une belle composition.

381 — Album contenant huit tableaux peints à l'aquarelle et sur papier, représentant la vie champêtre des Chinois.

382 — Album contenant cinq tableaux : vues de rochers et arbres dessinés aux crayons rouge et noir, ainsi que le texte.

383 — Album contenant douze tableaux peints à l'aquarelle, sur soie, représentant des grands personnages chinois dans des jardins, occupés de travaux divers.

384 — Album contenant huit tableaux peints à l'aquarelle, sur soie, représentant des oiseaux, des papillons et fleurs diverses.

385 — Album contenant 13 tableaux peints à l'aquarelle sur papier, représentant la culture du riz et la fabrication des soieries.

386 — Album contenant 12 tableaux peints à l'aquarelle sur papier, représentant la culture du blé et autres.

387 — Album contenant 12 tableaux peints à l'aquarelle sur papier, représentant des scènes de la vie militaire en Chine.

388 — Album contenant 12 tableaux peints à l'aquarelle sur papier, représentant des scènes de la vie militaire en Chine.

389 — Album contenant 8 tableaux peints à l'encre de Chine sur soie, représentant des paysages avec arbustes.

390 — Album contenant 12 tableaux peints à l'aquarelle sur papier, représentant des pêcheurs.

391 — Album contenant 12 tableaux, miniatures gouachées sur papier de riz, représentant des empereurs et impératrices richement costumés, entourés de leurs serviteurs.

392 — Album contenant 12 tableaux, miniatures gouachées, sur papier de riz, représentant la vie des Chinois, depuis leur naissance jusqu'à leur mort, composition de quantité de figurines, gracieusement posées et finement peintes.

393 — Album contenant 12 tableaux, peinture en miniature gouachée sur papier de riz, représentant des mandarins et mandarines très-richement costumés et finement peints, accompagnés de leurs suivants.

394 — Trois peintures sur soie ornées de figures, peintures à la gouache, sujets tirés de la vie intérieure des Chinois avec texte.

395 — Rouleau contenant une grande peinture gouachée sur soie, représentant la vie de campagne de personnes aisées en Chine.

396 — Deux tableaux, broderies en soie de couleurs, travail rare et curieux, représentant des jonques ornées de personnages, sur une rivière.

397 — Grand tableau, broderie très-fine en soie de couleur, genre cachemire, représentant une mandarine, sa suivante et un oiseau debout.

398 — Sept tableaux peints à la gouache sur soie, et de hauteur, représentant des paysages, figures de mandarines debout, etc. Pourront être divisés.

399 — Cinq tentures, peintures à la gouache sur papier, sujets tirés de la religion de Bouddha; compositions enrichies d'une quantité innombrable de figures.

400 — Six tentures, peintures à la gouache sur papier représentant des paysages à effets de neige et autres.

401 — Deux gravures représentant des combats chinois divers.

ROBES, ÉTOFFES & TAPIS

402 — Manteau impérial en soie, fond jaune impérial, orné de dragons à cinq griffes, de vagues de la mer et de nuages, brodés en or et soie de belles couleurs variées.

403 — Manteau en soie fond orangé, orné de dragons à cinq griffes, de vagues de la mer et de nuages, brodés en or et soie de belles couleurs variées.

404 — Manteau en soie fond jaune impérial, orné de dragons à cinq griffes, de vagues et de nuages, travail très-fin à l'aiguille, brodé or et soie en belles couleurs variées. Genre cachemire de l'Inde.

405 — Un autre, pareil au précédent.

406 — Manteau impérial en soie fond bleu, orné de dragons à cinq griffes, de vagues et de nuages, broché or et soie de diverses couleurs.

407 — Manteau impérial fond brun, même ornementation que le précédent.

408 — Tapis de table en soie fond rouge orangé, orné de dragons à cinq griffes, de vagues et de nuages, brodé en or et soie de belles couleurs variées.

409 — Grand tapis en drap bleu pour table oblongue, finement brodé en soie de couleurs, représentant des figurines, animaux, arbustes et fleurs.

410 — Un autre semblable plus petit pour table ronde.

411 — Un autre semblable en drap violet.

412 — Tapis de table fond drap vert, orné de dragons à cinq griffes, et bordé de drap rouge orné de fleurs brodées en soies bleues et blanches, pour table carré.

413 à 424 — Douze pièces en rouleaux, soieries chinoises, de couleurs différentes, seront vendues séparément. Ce sont les fameux satins de Chine.

425 à 444 — Dix-neuf pièces crêpes de Chine de différentes couleurs, seront vendues séparément. Ce sont aussi les fameux et véritables crêpes de Chine.

445 à 449 — Cinq costumes de mandarines en soie, dont un brodé sur fond jaune impérial, seront vendus séparément.

450 — Quarante pièces environ de broderies sur soie, seront vendues par lots assortis. Elles peuvent servir à couvrir des chaises, des tabourets ou bien à être montées en écrans.

450 bis — Sous ce numéro, on vendra une infinité d'objets destinés à l'usage des empereurs et des impératrices : tels que sachets, bourses, etc., etc.

FOURRURES

451 — Grand manteau impérial en soie fond jaune impérial, très-richement garni de broderies, soies, etc., et orné du dragon à cinq griffes, doublé en gorge de renard bleu, les manches garnies de martre zibeline.

452 — Une sortie de bal en crêpe blanc, doublée en entier en gorge de renard bleu.

453 — Un manteau en satin broché couleur chamois doublé intérieurement en renard bleu.

454 — Grand manteau en satin bleu clair, doublé entièrement en craylun ou dragon de mer; espèce de loutre très-brune aux poils argentés.

455 — Un manteau en satin broché bleu clair, doublé en même fourrure au pelage un peu plus court.

456 — Un petit manteau en craylun, un peu plus doré que les précédents.

457 — Un manteau en soie bleu clair brochée, doublé en astrakan gris ou chameau mort-né.

458 — Une grande nappe disposée pour faire un manteau, composée de deux cents peaux de martre zibeline, toutes de la même couleur brune ne présentant que les dos des bêtes doublés en satin rouge.

459 — Un manteau en satin brun, broché aux ornements impériaux à cinq griffes, doublé entièrement en très-belle hermine.

460 — Un manteau en soie bleue brochée, doublé d'astrakan blanc dont une partie en martre dorée.

461 — Une nappe disposée pour faire un manteau en petite martre brune.

462 — Un manteau en satin broché gris foncé doublé entièrement en astrakan blanc.

463 — Un manteau sans être doublé, en chevreau gris de Tartarie.

464 — Un manteau en astrakan noir.

465 — Un petit manteau en joli petit-gris.

466 — Deux revers de manches en martre zibeline.

467 — Soixante peaux d'hermine avec leurs queues noires.

468 — Un petit coin de feu, en têtes de martre zibeline.

469 — Un grand manteau en renard blanc de Tartarie, pouvant servir pour une splendide couverture de voiture.

470 — Une grande tente d'apparat de voiture impériale en espèce de cachemire jaune impérial uni doublée de crêpe jaune broché.

Les Bijoux et les Pierres précieuses devaient faire l'objet d'une vente spéciale. M. DE NEGRONI s'est décidé à les réunir au reste de sa Collection, et il nous remet au dernier moment la note suivante.

PIERRES PRÉCIEUSES

Une Collection complète dont le nombre s'élève à plus de **trois mille,** renfermant toutes les variétés connues.

SAVOIR : Diamants, Rubis, Saphirs, Émeraudes, Topazes, Améthystes, Opales, Perles, Turquoises, Aigue-Marines, Hyacinthes, Tourmalines, Chrysolites, Chrysoprases, etc.

Il y en a parmi les trois mille, de toute nuance, de toute beauté et de toute dimension.

Nous comprenons bien entendu dans ce chiffre énorme, toutes les pierres taillées ornant des bijoux et celles non taillées présentées presque à l'état naturel.

Nous sommes persuadés que jamais il ne s'est présenté à la curiosité publique une Collection de pierres précieuses aussi considérable. Presque toutes pourraient servir à l'ornementation des joyaux une fois taillées; plusieurs, par leur grande dimension, enrichiraient avantageusement les belles collections d'amateurs; d'autres enfin tiendraient une place marquante dans n'importe quel musée.

On comprendra que le détail de tant de pierres précieuses soit presque impossible dans un Catalogue officiel, c'est-à-dire méthodique. Nous nous bornerons donc à la citation de quelques-unes seulement, qui sont vraiment très-importantes :

Un très-beau Saphir oriental, par exemple, pesant 48 carats ;

Un Rubis oriental rouge, du poids de 24 carats, en forme de pyramide ;

Quantité de Rubis ;

Quantité de Saphirs ;

Un grand nombre de Pierres de fantaisie, etc., etc.

Dans les Pierres de grande dimension pour collection, nous citerons :

Un petit Dragon en rubis rose ;

Une grande Améthyste orientale du poids de 500 carats ;

Une grande Turquoise du poids de 300 carats, etc., etc.

BIJOUX

Cette série, certes la plus importante de la collection, se compose de plus de cent objets d'art ornés de pierreries et d'émaux des époques renommées Louis XV et Louis XVI.

Il serait très-difficile également de faire la description détaillée de tant de morceaux qui du reste ont été déjà vus par un grand nombre d'amateurs, et qui ont excité l'admiration générale. En effet, il est difficile de rencontrer une réunion de bijoux plus complète, plus admirable de richesse et de goût.

Ce sont de grandes boîtes en or chargées de pierreries;

Des Tabatières Louis XVI;

Des Boîtes à mouches;

Des Tabatières enrichies d'émaux;

Des montres enrichies de diamants;

De rubis, d'émeraudes, de médaillons à sujets;

Des Coffres en or, avec musique et sujets mobiles;

Des Longues-Vues en or enrichies de perles et d'émaux;

Des Agrafes chargées de pierres précieuses;

Des sachets à odeurs;

Des petites Lunettes d'enfants;

Des Tabatières en onyx;

Des pendules Louis XIII ;

Des Broches ;

Des Épingles à cheveux ornées de perles ;

Des Flacons en perles en ambre, etc. ;

Puis enfin, un Flacon pendule Louis XVI, merveille s'il en fût, et une petite Cage en or, véritable chef-d'œuvre comme style et comme mécanisme.

Renou et Maulde, imprimeurs de la Compagnie des Commissaires Priseurs, rue de Rivoli, 144. 31616

RENOU ET MAULDE
IMPRIMEURS DE LA COMPAGNIE DES COMMISSAIRES-PRISEURS
Rue de Rivoli, 144

www.ingramcontent.com/pod-product-compliance
Ingram Content Group UK Ltd.
Pitfield, Milton Keynes, MK11 3LW, UK
UKHW022132260726
13993UKWH00003B/1390